まちごとインド

West India 014 Aurangabad
アウランガバード
イスラム勢力の「デカン拠点」

औरंगाबाद

Asia City Guide Production

【白地図】西インド主要都市

INDIA
西インド

【白地図】アウランガバード

INDIA
西インド

【白地図】アウランガバード旧市街

【白地図】ビビカマクバラ廟

INDIA
西インド

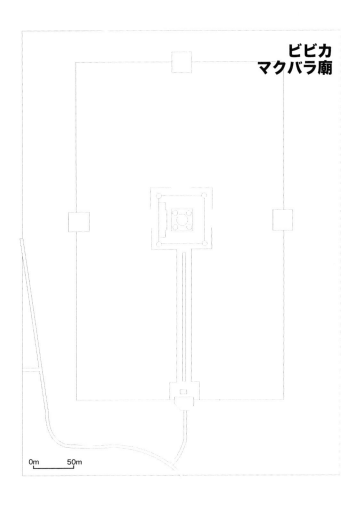

ビビカ
マクバラ廟

Aurangabad

白地図

【白地図】アウランガバード近郊図

INDIA
西インド

【白地図】大アウランガバード

INDIA
西インド

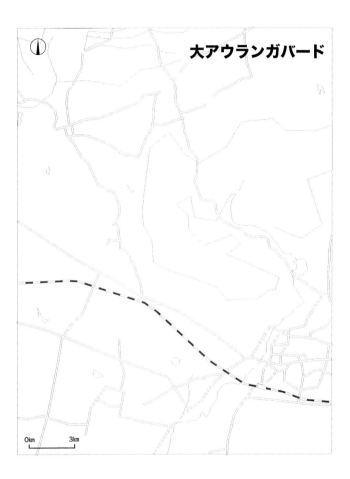

【白地図】ダウラターバード

INDIA
西インド

【まちごとインド】
西インド 011 はじめてのマハラシュトラ
西インド 012 ムンバイ
西インド 013 プネー
西インド 014 アウランガバード
西インド 015 エローラ
西インド 016 アジャンタ
西インド 021 はじめてのグジャラート
西インド 022 アーメダバード
西インド 023 ヴァドダラー（チャンパネール）
西インド 024 ブジ（カッチ地方）

エローラ、アジャンタへの起点となるデカン高原の都市アウランガバード（オーランガバードとも表記される）。ムンバイから内陸に向かって北東350kmに位置し、この地方の商工業の中心都市となっている。

アウランガバード近郊は古代から交通の要衝として知られ、近くには12世紀以来の要塞ダウラターバードが残っている。その後、1610年にイスラム王朝の将マリク・アンベルが、デカン高原の支配拠点として建設したことでアウランガバードの歴史がはじまった。

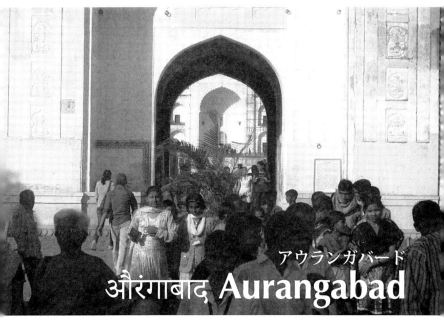

औरंगाबाद Aurangabad
アウランガバード

またムガル帝国第6代アウラングゼーブ帝にゆかりある街として知られ、「インドのイスラム化」を目指した皇帝が拠点を構えた場所でもあった（以来、アウランガバードと呼ばれるようになった）。そのため美しいモスクや霊廟が見られるほか、近くのクルダバードにはアウラングゼーブ帝の墓も残っている。

【まちごとインド】

西インド 014 アウランガバード

目次

アウランガバード	xvi
デカン統治の要衝	xxii
アウランガバード城市案内	xxx
郊外城市案内	xlvi
デカン高原の興亡	lvii

【MEMO】

【地図】西インド主要都市

デカン統治の要衝

INDIA 西インド

デカン高原北西に位置するアウランガバード
ここは北方から侵入してきたイスラム勢力が
その拠点を構えた場所だった

デカン高原の要衝

アウランガバード一帯には、歴史的にアラビア海とウッジャインやマトゥラーといったインドの中心都市を結ぶ交易路が走っていた。古代、サータヴァーハナ朝（紀元前1〜3世紀）の都は、アウランガバード南方のプラティシュターナ（パイタン）におかれ、その統治下では仏教文化が花開いていた。とくに新たなに台頭した商人が仏教を保護し、その寄進で街道沿いにアジャンタなどの石窟が開削された。こうした事情は中世以降も続き、北方から侵入してきたイスラム勢力がデカン高原への足がかりとして要塞都市ダウラターバードを築

Aurangabad　デカン統治の要衝

き、その後、17世紀になってムガル帝国のデカン拠点がアウランガバードにおかれるようになった。

アウラングゼーブ帝の街

16世紀、中央アジアから侵入してインドに王朝を樹立したムガル帝国。第4代ジャハンギール帝の時代までその領土は北インドが中心だったが、第5代シャー・ジャハーン帝、第6代アウラングゼーブ帝の時代になるとデカン高原へ活発に遠征が行なわれるようになった。とくに皇太子時代のアウラングゼーブ帝は、1635年、53年にデカン高原西部の太守に

INDIA
西インド

▲左　北西インドからのイスラム勢力はこの地に征服拠点をおいた。　▲右　美しい姿を見せるビビ・カ・マクバラ廟

任じられ、この街に拠点をおくようになった（マラータ王国のシヴァジー死後に都がおかれた）。アウラングゼーブ帝は1658年の皇帝即位後もここに宮廷をおき、デカン高原のイスラム化に生涯を捧げた。この時代、ムガル帝国は最大版図となったが、やがて各地方の勢力が兵をあげて帝国は瓦解していった。

【MEMO】

【地図】アウランガバード

【地図】アウランガバードの [★★★]
- ☐ ビビ・カ・マクバラ廟 Bibi ka maqbara

【地図】アウランガバードの [★★☆]
- ☐ 旧市街 Old City
- ☐ パーンチャッキー Panchakki

【地図】アウランガバードの [★☆☆]
- ☐ ジュナ・バザール Juna Bazar
- ☐ デリー門 Delhi Gate
- ☐ アウランガバード石窟 Aurangabad Caves

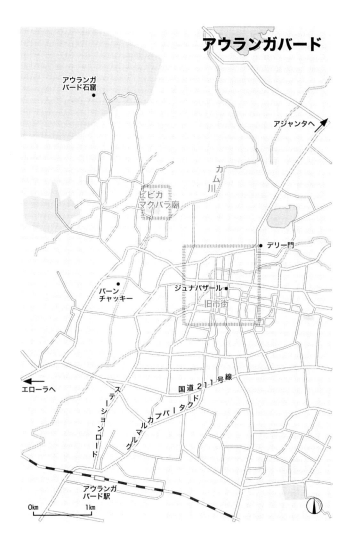

▲左　ムガル帝国第6代アウラングゼーブ帝が眠る。　▲右　アウランガバード中心部、内陸の商工業都市

アウランガバード街の構成

アウランガバード市街から北3kmの地点に、1〜7世紀にかけて彫られた仏教石窟が残ることから、この地の歴史は紀元前後までさかのぼることが確認されている。鉄道駅の北側にムガル帝国時代以来の旧市街が残るほか、駅の南側は新市街となっている。またこの街から北東100kmにアジャンタ、北西30kmにエローラの遺跡が残り、いずれも世界遺産に指定されている。

Guide, Aurangabad
アウランガバード城市案内

西インド INDIA

タージ・マハルを模したというビビ・カ・マクバラ廟
細い路地が続く旧市街
多くの人々でにぎわうデカン高原の街

旧市街 Old City ［★★☆］

旧市街 Old City 城門に囲まれた中世以来の伝統をもつアウランガバードの旧市街。ジュナ・バザールを中心に細い路地が入り組み、ほこりが立つ昔ながらの街並みを残している。イスラム教の伝統が強い街の特徴から、アラビア文字で記されたウルドゥー語の表記が見られる。ヒンドゥー寺院、ジャイナ教寺院も立つ。

ジュナ・バザール Juna Bazar ［★☆☆］

アウランガバード旧市街を東西に走るジュナ・バザール。レ

▲左　旧市街のシャーガンジ・モスク、この街にはいくつもモスクがある。
　▲右　軽食店、サモサがならぶ

ストランや雑貨、生活用品を売る店舗がずらりとならぶ。イスラム教の伝統が息づき、シティ・チョーク界隈にはいくつかのモスクが立つ。

シャーガンジ・モスク Shah Ganj Masjid ［★☆☆］

旧市街中心部のシャーガンジに位置するモスク。白の外壁にドームを載せるイスラム礼拝堂で、あたりには露店が集まる。またモスクに隣接して時計塔が立つ。

【地図】アウランガバード旧市街の [★★☆]
- [ ] 旧市街 Old City

【地図】アウランガバード旧市街の [★☆☆]
- [ ] ジュナ・バザール Juna Bazar
- [ ] シャーガンジ・モスク Shah Ganj Masjid

旧市街

Aurangabad アウランガバード城市案内

【地図】ビビカマクバラ廟の [★★★]
- [ ] ビビ・カ・マクバラ廟 Bibi ka maqbara

ビビカ
マクバラ廟

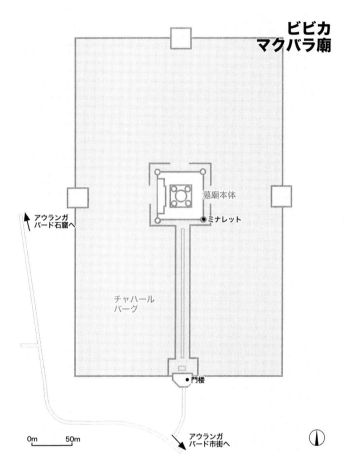

INDIA
西インド

ビビ・カ・マクバラ廟 Bibi ka maqbara ［★★★］

アウランガバード北郊外に立つビビ・カ・マクバラ廟。「デカンのタージ・マハル」と呼ばれ、ムガル帝国第6代アウラングゼーブ帝の第一王妃ラビア・ダウラーニの墓廟となっている（タージ・マハルは第5代シャー・ジャハーン帝の妃のために建てられた）。幅274m奥行き457mからなる広大なチャハール・バーグ庭園の中心にドームとミナレットをもつ白い墓廟建築がたたずむ。この様式はタージ・マハルを模して設計されているが、ムガル帝国が弱体化していたことから、白大理石で壁面をおおうことができず、レンガと漆喰がもち

▲左 ペルシャで育まれた様式がもちこまれた。　▲右 「デカンのタージ」ビビ・カ・マクバラ廟

いられ、完成度はおとる。王妃ラビア・ダウラーニの死後、王子アーザーム・シャーの命で、1661年に造営された。

パーンチャッキー Panchakki ［★★☆］

ハム川の河畔に位置するパーンチャッキー（「水車」を意味する）。現在は公園として整備されていて、アウラングゼーブ帝の師バーバー・シャー・ムザッファルの墓廟が残っている。

▲左　地元の人々が訪れるパーンチャッキー。　▲右　美しい装飾がほどこされたビビ・カ・マクバラ廟

アウランガバード石窟 Aurangabad Caves ［★☆☆］

アウランガバード市街の北3kmに広がるラケンワラ丘陵にうがたれたアウランガバード石窟。西の1～5窟とそこから1.3km離れた東の6～9窟の二群からなる（2.5kmにわたって分布し、主要な9窟のほかにも未完のものが残っている）。紀元前後に開削された4窟以外は、6～7世紀のヴァーカータカ朝、カラチュリ朝の時代に造営され、その彫刻にはアジャンタの影響が見られる。

アウランガバード石窟
第6〜7窟

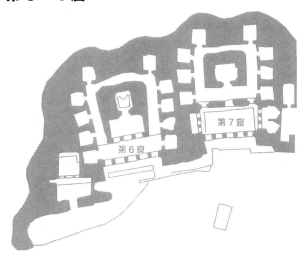

INDIA
西インド

第4窟［★☆☆］

アウランガバード石窟で最初期に造営された第4窟。アラビア海を通じてインドと西方の交易が盛んだった紀元前1〜1世紀ごろのもので、この遺跡で唯一ストゥーパをもつ祠堂窟となっている。奥が半円を描く馬蹄形のプランをしていて、中心に信仰対象だったストゥーパが立っている。

第7窟［★☆☆］

僧侶が起居した僧院窟のなかでもっとも豊富な彫刻をもつ第7窟。豊満な容姿を見せる奏楽舞踏像、観音八難救済の女神

▲左 かつてこの地に仏教が栄えた、アウランガバード石窟。 ▲右 石窟内の柱で見られた意匠

像が見え、仏像が密教化している（ヒンドゥー教の影響を受けている）ところから仏教末期に造営されたと考えられている。

デリー門 Delhi Gate [★☆☆]

アウランガバード旧市街北東部に立つデリー門。ここからアジャンタ、デリー方面への街道が伸び、かつては旧市街をとり囲む城壁がめぐらされていた。

【MEMO】

【地図】アウランガバード近郊図 [★★☆]

- [ ] ダウラターバード Daulatabad
- [ ] クルダバード Khuldabad(Rauza)

Guide, Around Aurangabad
郊外城市案内

INDIA 西インド

難攻不落の要塞ダウラターバード
ムガル帝国の皇帝が眠るクルダバード
アウランガバード郊外へ足を伸ばす

ダウラターバード Daulatabad [★★☆]

アウランガバードから西13kmに位置する巨大な要塞ダウラターバード。自然を利用してつくられた難攻不落の城塞として知られ、高さは180mで下部50mが垂直に削られている。古くは12世紀にデーヴァギリと呼ばれたヒンドゥー王朝の都があり、その後、13世紀以来イスラム諸王朝のデカン高原への支配拠点がおかれるようになった。とくにトゥグルク朝のムハンマドが首都をデリーからここに遷し、1338年、「富の街」を意味するダウラターバードと名づけられて今にいたる（すぐにデリーへ首都は戻った）。

▲左 ダウラターバードの城塞内部。 ▲右 おにぎり型をした難攻不落の城塞

チャンド・ミナール Chand Minar [★★☆]

中世、トゥグルク朝の弱体化とともに独立したバフマニー朝によるチャンド・ミナール（「月の塔」）。1435年に戦勝塔として建てられ、インドではデリーのクトゥブ・ミナールに次ぐ高さ30mをほこる。やがてこの地方の主はバフマニー朝からクトゥブ・シャーヒー朝にうつり、その最後の王アブルハサンはアウラングゼーブ帝に降伏し、ダウラターバードの城塞に幽閉されたという歴史がある。

【地図】大アウランガバード

【地図】大アウランガバードの [★★★]
- [ ] ビビ・カ・マクバラ廟 Bibi ka maqbara

【地図】大アウランガバードの [★★☆]
- [ ] ダウラターバード Daulatabad
- [ ] クルダバード Khuldabad(Rauza)

【地図】大アウランガバードの [★☆☆]
- [ ] アウランガバード石窟 Aurangabad Caves

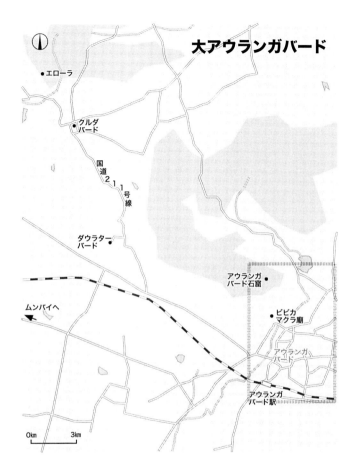

【地図】ダウラターバードの [★★☆]
- [ ] ダウラターバード Daulatabad
- [ ] チャンド・ミナール Chand Minar

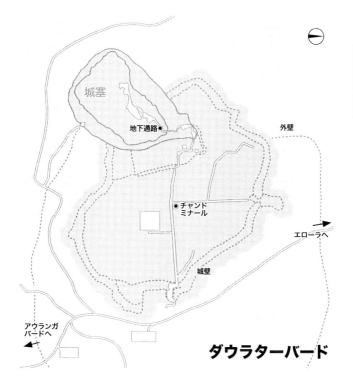

INDIA
西インド

狂人ムハンマド

13〜16世紀にかけてデリーに都をおいたデリー・サルタナット諸王朝のなかでもトゥグルク朝のムハンマドは、イブン・バットゥータに「天才と狂人」と評されるなど抜きに出た存在感をしめている。ムハンマドはデリーから南インドのマドゥライまで遠征し、インドの大部分をその支配下におさめた。また1327〜28年、デリーから1500km（当時は40日かかる距離だった）離れたダウラターバードに城塞や宮殿を築いて遷都し、この地にデリーの住民を強制移住させた。こうした野心的な試みは失敗におわっているが、イスラム教は

▲左　地下通路へ続く入口、内部は薄暗い。　▲右　インド有数の高さをほこるミナレット

徐々に南アジアに浸透するようになっていた。

クルダバード Khuldabad(Rauza) ［★★☆］

17世紀、デカン高原に生まれ、91歳でこの地でなくなったムガル帝国第6代アウラングゼーブ帝の墓廟が残るクルダバード。ダウラターバードからさらに進んだ街道沿い、アウランガバードから北西26kmに位置する。この街には多くのイスラム聖者廟が見られ、街の中心にはデカン高原のイスラム化に尽力したイスラム聖者廟アラムギルダルガーがあり、その一角にアウラングゼーブ帝の墓が残る。アウラングゼー

INDIA
西インド

ブ帝は在位中から清貧生活を心がけ、「イスラム教の伝統にそぐわない」という理由からフマユーン廟やタージ・マハルのような建築ではなく、その墓廟はドームをつけない質素なたたずまいとなっている(格子細工のほどこされた塀で囲まれている)。

アウラングゼーブ帝とは

皇太子時代からデカン高原に派遣されていたアウラングゼーブ帝(1618～1707年)は、1658年に皇帝に即位すると「インドのイスラム化」を目指して拡大戦争に明け暮れるように

▲左　アウラングゼーブ帝ここに眠る。　▲右　デカン高原のイスラム化を目指した皇帝の墓

なった。皇帝は毎朝5時に起きて礼拝をすませ、宮廷では楽人を遠ざけ、金銀の食器をとりのぞくなど敬虔なスンニ派イスラム教徒として知られた。一方でヒンドゥー教徒へ人頭税を課し、バラナシやマトゥラーのヒンドゥー寺院を破壊するなど統治者として狭量なところも見られた。アウラングゼーブ帝の時代、ムガル帝国の領土は最大版図を描いたが、やがて地方勢力の離反を招き、ムガル帝国の領土はデリー近郊のわずかなものとなってしまった。

デカン高原の興亡

エローラ、アジャンタなど見事な石窟群で知られる
マハラシュトラ州のデカン地域
ここは諸王朝の争奪の舞台となってきた歴史もある

ヒンドゥー王朝時代

6世紀、異民族の侵入でグプタ朝が滅び、北インドが荒廃するとヒンドゥー文化の中心は南方にうつるようになった。デカン高原ではチャールキヤ朝(6〜8世紀)、ラーシュトラクータ朝（8〜10世紀）、後期西チャールキヤ朝（10〜12世紀）などのヒンドゥー諸王朝が興亡を繰り返し、12世紀、後期チャールキヤ朝の臣下が台頭してヤーダヴァ朝を樹立、デーヴァギリ（「神の山」を意味する）に都をおいた。この都は現在のダウラターバードにあり、12世紀のヤーダヴァ朝時代の遺構が現在も残っている。

INDIA
西インド

イスラム勢力のデカン遠征

12世紀以降、イスラム勢力のインド侵入が本格化し、やがてデリーにイスラム王朝が樹立された(デリー・サルタナット朝と呼ばれ、5つの王朝が交代した)。当初は北インドの一部を勢力範囲としたが、ハルジー朝のアラウッディーン・ハルジーが南インドに遠征し、1296年、ヤーダヴァ朝の都デーヴァギリを陥落させ、莫大な戦利品をデリーにもちかえった。続く1307年、マリク・カーフルにひきいられたイスラム軍が南インドへ遠征し、ヤーダヴァ、ホイサラ、カーカティーヤ朝は滅亡した(このとき象300頭、馬7000頭、

▲左 アラビア文字が見えるイスラム教の伝統が息づく。　▲右　緑と白のモスク、イスラム教では偶像崇拝は認められていない

ラクダ 1000 頭に積んだ金銀財宝が運ばれたという)。こうしてそれまで北インドにしかおよんでいなかったデリー・サルタナット朝の勢力がデカン高原にも広がるようになった。

イスラム諸王朝の興亡

ハルジー朝に続くトゥグルク朝の時代、スルタン・ムハンマドがダウラターバードに遷都するなど南インドにまでイスラム王朝の勢力が伸びるようになっていた。トゥグルク朝が弱体化すると各地の勢力が離反し、南インドでは 1336 年にヒンドゥー系のヴィジャヤナガラ王国、グジャラートで

INDIA
西インド

は1408年にグジャラート王国、デカンでは1347年、ダウラターバードの太守バフマン・シャーが独立した。デカンのバフマニー朝は2世紀続いたが（この時代にダウラターバードのチャンド・ミナールが建てられている）、やがて5つのイスラム諸王朝に解体した。

アウラングゼーブ帝とマラータ

16世紀に北インドにムガル帝国が樹立され、第5代シャー・ジャハーン帝の時代からデカン遠征が行なわれるようになった。とくに第6代アウラングゼーブ帝はデカン高原に拠点を

▲左 中世からインドにイスラム王朝が樹立された。 ▲右 ミナレットは戦勝記念塔の意味合いをもった

おき拡大闘争を続けたことから、17世紀後半にはデカンのイスラム諸王朝もムガル帝国に組み込まれた。この時代、ムガル帝国最大の敵となったのが西インドに拠点をおくヒンドゥー系のマラータ王国で、その祖シヴァジーはゲリラ戦法でアウラングゼーブ帝を苦しめた。マラータ王国はのちにプネーを中心に勢力を広げ、北はパンジャーブ、東はベンガル地方にまで勢力を拡大するが、イギリスとの戦争に敗れ、この地域はボンベイ管区へと組み込まれていった。

参考文献

───────────────────────────────────────

『東洋文化研究所インド・イスラーム史跡』(東京大学東洋文化研究所 web)

『ムガル帝国の興亡』(アンドレクロー / 法政大学出版局)

『ムガル帝国』(石田保昭 / 吉川弘文館)

『世界の歴史 14 ムガル帝国から英領インドへ』(佐藤正哲 / 中央公論社)

『世界の大遺跡 8 インドの聖域』(樋口隆康編著 / 講談社)

『インド建築案内』(神谷武夫 /TOTO 出版)

『ダウラターバードの要塞』(石黒淳 / 愛知学院大学文学部紀要)

『世界大百科事典』(平凡社)

まちごとパブリッシングの旅行ガイド

Machigoto INDIA , Machigoto ASIA , Machigoto CHINA

【北インド - まちごとインド】

001 はじめての北インド
002 はじめてのデリー
003 オールド・デリー
004 ニュー・デリー
005 南デリー
012 アーグラ
013 ファテープル・シークリー
014 バラナシ
015 サールナート
022 カージュラホ
032 アムリトサル

【西インド - まちごとインド】

001 はじめてのラジャスタン
002 ジャイプル
003 ジョードプル
004 ジャイサルメール
005 ウダイプル
006 アジメール(プシュカル)
007 ビカネール
008 シェカワティ
011 はじめてのマハラシュトラ
012 ムンバイ
013 プネー
014 アウランガバード
015 エローラ
016 アジャンタ
021 はじめてのグジャラート
022 アーメダバード
023 ヴァドダラー(チャンパネール)
024 ブジ(カッチ地方)

【東インド - まちごとインド】

002 コルカタ
012 ブッダガヤ

【南インド - まちごとインド】

001 はじめてのタミルナードゥ
002 チェンナイ
003 カーンチプラム
004 マハーバリプラム
005 タンジャヴール
006 クンバコナムとカーヴェリー・デルタ
007 ティルチラパッリ
008 マドゥライ
009 ラーメシュワラム
010 カニャークマリ
021 はじめてのケーララ
022 ティルヴァナンタプラム
023 バックウォーター(コッラム〜アラップーザ)
024 コーチ(コーチン)
025 トリシュール

【ネパール - まちごとアジア】

001 はじめてのカトマンズ
002 カトマンズ
003 スワヤンブナート

004 パタン
005 バクタプル
006 ポカラ
007 ルンビニ
008 チトワン国立公園

【バングラデシュ - まちごとアジア】

001 はじめてのバングラデシュ
002 ダッカ
003 バゲルハット（クルナ）
004 シュンドルボン
005 プティア
006 モハスタン（ボグラ）
007 パハルプール

【パキスタン - まちごとアジア】

002 フンザ
003 ギルギット（KKH）
004 ラホール
005 ハラッパ
006 ムルタン

【イラン - まちごとアジア】

001 はじめてのイラン
002 テヘラン
003 イスファハン
004 シーラーズ
005 ペルセポリス
006 パサルガダエ（ナグシェ・ロスタム）
007 ヤズド
008 チョガ・ザンビル（アフヴァーズ）
009 タブリーズ
010 アルダビール

【北京 - まちごとチャイナ】

001 はじめての北京
002 故宮（天安門広場）
003 胡同と旧皇城
004 天壇と旧崇文区
005 瑠璃廠と旧宣武区
006 王府井と市街東部
007 北京動物園と市街西部
008 頤和園と西山
009 盧溝橋と周口店
010 万里の長城と明十三陵

【天津 - まちごとチャイナ】

001 はじめての天津
002 天津市街
003 浜海新区と市街南部
004 薊県と清東陵

【上海 - まちごとチャイナ】

001 はじめての上海
002 浦東新区
003 外灘と南京東路
004 淮海路と市街西部
005 虹口と市街北部
006 上海郊外（龍華・七宝・松江・嘉定）
007 水郷地帯（朱家角・周荘・同里・甪直）

【河北省 - まちごとチャイナ】

001 はじめての河北省
002 石家荘
003 秦皇島
004 承徳
005 張家口
006 保定
007 邯鄲

【江蘇省 - まちごとチャイナ】

001 はじめての江蘇省
002 はじめての蘇州
003 蘇州旧城
004 蘇州郊外と開発区
005 無錫
006 揚州
007 鎮江
008 はじめての南京
009 南京旧城
010 南京紫金山と下関
011 雨花台と南京郊外・開発区
012 徐州

【浙江省 - まちごとチャイナ】

001 はじめての浙江省
002 はじめての杭州
003 西湖と山林杭州
004 杭州旧城と開発区
005 紹興
006 はじめての寧波
007 寧波旧城
008 寧波郊外と開発区
009 普陀山
010 天台山
011 温州

【福建省 - まちごとチャイナ】

001 はじめての福建省
002 はじめての福州
003 福州旧城
004 福州郊外と開発区
005 武夷山
006 泉州
007 廈門
008 客家土楼

【広東省 - まちごとチャイナ】

001 はじめての広東省
002 はじめての広州
003 広州古城
004 天河と広州郊外
005 深圳(深セン)
006 東莞
007 開平(江門)
008 韶関
009 はじめての潮汕
010 潮州
011 汕頭

【遼寧省 - まちごとチャイナ】

001 はじめての遼寧省
002 はじめての大連
003 大連市街
004 旅順
005 金州新区

006 はじめての瀋陽
007 瀋陽故宮と旧市街
008 瀋陽駅と市街地
009 北陵と瀋陽郊外
010 撫順

【重慶 - まちごとチャイナ】

001 はじめての重慶
002 重慶市街
003 三峡下り（重慶〜宜昌）
004 大足

【香港 - まちごとチャイナ】

001 はじめての香港
002 中環と香港島北岸
003 上環と香港島南岸
004 尖沙咀と九龍市街
005 九龍城と九龍郊外
006 新界
007 ランタオ島と島嶼部

【マカオ - まちごとチャイナ】

001 はじめてのマカオ
002 セナド広場とマカオ中心部
003 媽閣廟とマカオ半島南部
004 東望洋山とマカオ半島北部
005 新口岸とタイパ・コロアン

【Juo-Mujin（電子書籍のみ）】

Juo-Mujin 香港縦横無尽
Juo-Mujin 北京縦横無尽
Juo-Mujin 上海縦横無尽

【自力旅游中国 Tabisuru CHINA】

001 バスに揺られて「自力で長城」
002 バスに揺られて「自力で石家荘」
003 バスに揺られて「自力で承徳」
004 船に揺られて「自力で普陀山」
005 バスに揺られて「自力で天台山」
006 バスに揺られて「自力で秦皇島」
007 バスに揺られて「自力で張家口」
008 バスに揺られて「自力で邯鄲」
009 バスに揺られて「自力で保定」
010 バスに揺られて「自力で清東陵」
011 バスに揺られて「自力で潮州」
012 バスに揺られて「自力で汕頭」
013 バスに揺られて「自力で温州」

【車輪はつばさ】
南インドのアイラヴァテシュワラ寺院には建築本体に車輪がついていて寺院に乗った神さまが人びとの想いを運ぶと言います。

・本書はオンデマンド印刷で作成されています。
・本書の内容に関するご意見、お問い合わせは、発行元の
　まちごとパブリッシング info@machigotopub.com までお願いします。

まちごとインド
西インド014アウランガバード
~イスラム勢力の「デカン拠点」[モノクロノートブック版]

2017年11月14日　発行

著　者	「アジア城市（まち）案内」制作委員会
発行者	赤松　耕次
発行所	まちごとパブリッシング株式会社 〒181-0013　東京都三鷹市下連雀4-4-36 URL http://www.machigotopub.com/
発売元	株式会社デジタルパブリッシングサービス 〒162-0812　東京都新宿区西五軒町11-13 清水ビル3F
印刷・製本	株式会社デジタルパブリッシングサービス URL http://www.d-pub.co.jp/

MP025

ISBN978-4-86143-159-3 C0326　　　　Printed in Japan
本書の無断複製複写（コピー）は、著作権法上での例外を除き、禁じられています。